INVENTAIRE
Ye 14941

L'AMOUR

TAMBOURIN.

1831

Vive la joie, à bas l'chagrin !
L'Amour est notre tambourin.

L'AMOUR TAMBOURIN,

ou

LA DANSE

AU VILLAGE.

A PAPHOS,

Chez le Libraire de Vénus.

Cet almanach, ainsi qu'un grand nombre d'autres, fins et communs,

SE TROUVE:

A PARIS,

Chez L. JANET, Libraire, rue St.-Jacques, N.º 59.

Chez MARCILLY, Libraire, rue St. Jacques, N.º 21.

A LILLE,

Chez VANACKERE fils, Imprimeur-Libraire, place du Théâtre, N.º 10.

Et chez les principaux Libraires du Royaume.

N'OUBLIEZ PAS
QUE JE VOUS AIME.

CHANSONNETTE.

Paroles de M. F. Berat, musique de A. Romagnési.

Allegretto.

Pour mieux trom -

per l'œil des ja loux il faut donc

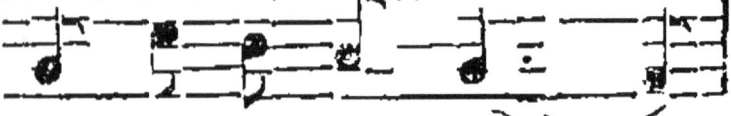

fuir vo tre présen - - - - -

Souvent une tendre chanson
Peignait mon amoureux délire,
Et je dois cacher jusqu'au nom
De l'aimable objet qui m'inspire;
Dans mes chants, discret troubadour,
Je tairai mon ardeur extrême;
Mais si je cache mon amour,
N'oubliez pas que je vous aime!

Pour mieux feindre, changeant de ton,
De caractère et de langage,
Je devrai, léger papillon,
Paraître infidèle et volage.
Si l'inconstance chaque jour,
Semble pour moi le bien suprême;
C'est pour mieux cacher mon amour;
N'oubliez pas que je vous aime!

IL NE FAUT RÉPONDRE
DE RIEN.

Air *du Vaudeville* du Rémouleur et la Meunière.

Pour un de mes amis d'enfance,
Selon son désir, je réponds ;
Mais il trompe ma confiance
Et part en emportant ses fonds.
Pour ma liberté je m'effraie ;
Je m'acquitte en vendant mon bien ;
L'huissier me dit : Qui repond paie...
Il ne faut répondre de rien.

A sa tendre et sensible femme
Disait un de nos bons maris :
« Je sais apprécier ton âme,
De toi je suis des plus chéris ;
Tu me seras toujours fidelle,
Ah ! pour cela, j'en réponds bien !... »
« Eh ! mon ami, répondit-elle,
Il ne faut répondre de rien. »

On prétend que la politique
Ne brouillera plus les amis,
Et qu'aimant la chose publique,
Tous les hommes seront unis.
On dit même que, par la suite,
Pour être académicien
Il faudra talent et mérite...
Il ne faut répondre de rien.

Un jour on verra, je l'espère,
La vérité dans les journaux,
La vertu régner sur la terre
Et la franchise entre rivaux,
Des ambitieux sans envie,
L'Amour fidèle à son lien,
Des auteurs pleins de modestie...
Il ne faut répondre de rien.

Je puis répondre d'une chose,
C'est qu'on se plaît en ce repas;
On y boit, on y chante, on cause,
Exempt de soucis, d'embarras;
Et si je sais bien m'y connaître,
Dans ce banquet épicurien,
Nous serons tous ivres, peut-être...
Il ne faut répondre de rien.

LA ROBE ROSE.

CHANSONNETTE.

AIR: *Au sein d'une fleur tour à tour.*

Toujours de la reine des fleurs,
Pour composer votre parure,
Empruntez les vives couleurs,
O vous, roses de la nature !
Si notre œil sur d'autres atours
Avec volupté se repose,
Il aime à suivre vos contours
Sous les plis d'une robe rose.

Voyez cet essaim de beautés
Qui, sous ces dômes de verdure,
Captivent nos yeux enchantés
Par leur séduisante parure.
Entre mille fleurs, inconstant,
Nos regards caressent la rose.
Rien ne nous sourit à vingt ans
Comme une femme en robe rose.

Lorsque mon front, chargé d'ennuis,
De mon cœur dévoile la peine,
Dans un songe quand de mes nuits
L'illusion est souveraine,
En bonheur d'où vient que soudain
Mon chagrin se métamorphose?
De ma belle, dans le lointain,
Je vois flotter la robe rose.

A CLAIRE,

QUI N'A QU'UN OEIL.

Air *de l'Angelus*, de Romagnési.

Charmante Claire, à tes genoux,
Ton amant implore un sourire;
Tourne vers moi cet œil si doux!
Deux pourraient ils mieux me séduire?
Ta beauté n'est point une fleur
Née au matin, le soir mourante;
Qui pourrait faner la fraîcheur
De tes dix mille écus de rente?

C'EST ÇA.

CHANSONNETTE,

Avec accompagnement de vin de Champagne.

AIR : *Tontaine, tonton.*

Mes amis, il faut que je chante :
A t on du Champagne ? En voilà.
C'est ça, c'est ça, mes amis, c'est ça.
Voyons ! sa mousse pétillante
Me charme et m'inspire déjà :
   C'est ça, mes amis, c'est ça.

On poursuit le bonheur sans cesse ;
Mais Bacchus nous dit : Le voilà :
C'est ça, c'est ça, mes amis, c'est ça.
Rang, dignité, crédit, richesse,
Dans ma bouteille tout est là :
   C'est ça, mes amis, c'est ça.

Gare ! pan ! pan ! le bouchon vole :
Vîte, buvons ; le vin s'en va :

C'est ça, c'est çà, mes amis, c'est ça.
De plaisir nous tenons école ;
Argumentons sur ce fait là :
    C'est ça, mes amis, c'est ça.

Je crois qu'Amour, ce petit drôle,
Sommeillait dans ce flacon là :
C'est ça, c'est ça, mes amis, c'est ça.
Je l'ai gobé, sur ma parole ;
Dans mon cœur je le sens déjà :
    C'est ça, mes amis, c'est ça.

Fripon, tu désertes Cythère !
Eh bien ! on t'y reconduira :
C'est ça, c'est ça, mes amis, c'est ça.
Je veux ce soir à ma bergère
Remettre ce déserteur-là :
    C'est ça, mes amis, c'est ça.

JE VOUS EN SOUHAITE.

CHANSONNETTE.

AIR: *Ma tante Urlurette.*

Le jour de l'an va sonner ;
Comme l'on va se donner
Maint bonbon, mainte courbette,
  Turlurette,   (*bis.*)
 Je vous en souhaite.

Vous, petits obscurantins,
Qui, chez les ignorantins,
De l'esprit faites cueillette,
  Turlurette,   (*bis.*)
 Je vous en souhaite.

Quand le trois pour cent pâtit,
Vous qui perdez l'appétit,
De Villèle *pique assiette*,
  Turlurette,   (*bis.*)
 Je vous en souhaite.

Vous qui, singeant *Poquelin*,
Cherchez, d'un pinceau malin,
Les couleurs de sa palette,
      Turlurette,   (*bis.*)
  Je vous en souhaite.

Maris qu'hymen rend vainqueurs,
Qui croyez forcer des cœurs
La porte neuve et secrète,
      Turlurette,   (*bis.*)
  Je vous en souhaite.

Vous qui cherchez un lecteur,
Court et badin *Moniteur*,
Impartiale *Gazette*,
      Turlurette,   (*bis.*)
  Je vous en souhaite.

Peuples, qui, payant l'impôt,
Voulez des poules au pot,
Si votre marmite est prête,
      Turlurette,   (*bis.*)
  Je vous en souhaite.

LE BON VIEUX TEMPS.

CHANSONNETTE.

Air *du vaudeville* les Maris ont tort.

On m'a vanté, toute ma vie,
Ces fiers guerriers, gais troubadours,
Cette noble chevalerie,
Comme le beau tems des amours. (*bis*)
Mais c'était un temps bien terrible
Que celui de ces chers parens;
Il fallait faire l'impossible...
Je ne suis pas du bon vieux temps.

On devait n'aimer qu'une belle,
Malgré père, mère et cousin,
Et pour se faire adorer d'elle,
Faire la guerre aux Sarrasins. (*bis.*)
Il fallait commenter la Bible
Et pourfendre quelques géans;
Il fallait faire l'impossible...
Je ne suis pas du bon vieux temps.

Il fallait d'un grand coup de lance
En champ clos frapper un rival ;
Il fallait chanter la romance,
Être tendre autant que loyal. (*bis*)
Il fallait, amant très-paisible,
Attendre au moins huit ou dix ans ;
Il fallait faire l'impossible...
Je ne suis pas du bon vieux temps.

LA
VILLE ET LE HAMEAU.
CHANSONNETTE.

Air à faire.

De mes leçons, jeunes bergères,
Les préceptes sont peu sévères ;
Ils vous diront, si le bonheur
Que cherchent vos goûts, votre cœur,
N'est pas dans un champêtre asile,
   Venez à la ville ;
Mais s'il suffit que des prairies
Vous regardiez le clair ruisseau
Pour vous trouver assez jolies,
   Restez au hameau.

Vous qui, d'humeur vive et légère,
Voulez toujours séduire et plaire,
Sans aimer une seule fois,
Fuyez les amans villageois.
Régner chez nous est plus facile ;
   Venez à la ville ;
Vous dont le cœur ne se partage
Qu'entre votre amant, votre agneau,
Pour être toujours aussi sage,
   Restez au hameau.

Si votre cœur aime en cachette
Et les bijoux et la toilette,
S'il croit aussi que vos attraits
Doivent briller dans un palais,
Quittez votre chaume tranquille,
   Venez à la ville.
Vous dont la beauté simple et pure
N'a besoin d'un éclat nouveau
Et d'une fleur fait sa parure,
   Restez au hameau.

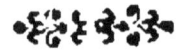

MARIE.

CHANSONNETTE.

Air: *Parmi les filles du canton.*

Petit ange, que j'ai connu
Paré des charmes de l'enfance,
Vous cachez son air ingénu
Sous les fleurs de l'adolescence.
Vos jolis contours enfantins
Ont fait place à ceux d'un autre âge ;
Vos yeux ne sont plus si mutins,
Mais ils plaisent bien davantage.

De votre naïve gaîté
Ma lyre secondait l'ivresse ;
A peine mon œil enchanté
De vos pas suivait la vitesse ;
Mais aujourd'hui votre pudeur
Fuit jusqu'au moindre badinage ;
Votre rire même est rêveur ;
Pourtant il plaît bien davantage.

Vous étiez gentille à huit ans,
A seize plus gentille encore ;
Comme une rose du printemps,
On vous admire, on vous adore.
Ce n'est le tout de la fraîcheur
Qui brille sur votre visage,
A l'amour ouvrez votre cœur,
Et vous plairez bien davantage.

BARCAROLLE

De Marino Faliero.

Gondolier, la mer t'appelle,
Pars, et n'attends pas le jour !
Adieu, Venise la belle !
Adieu, pays, mon amour !
   Quand le devoir l'ordonne,
   Venise, on t'abandonne,
   Mais c'est sans t'oublier...
Que saint Marc et la Madone
Soient en aide au gondolier !

Adieu, Nina, douce amie,
Cher trésor, qui m'attendras,
La Vierge t'aurait bénie,

L'enfant Jésus dans les bras.
　Saint Marc et la Madone
　Qui tressaient ta couronne,
　Devaient nous marier.
Que saint Marc et la Madone
Soient en aide au gondolier!

Si j'ai part, loin de ma belle,
Aux lauriers par nous cueillis;
Si Nina, toujours fidèle,
Reste blanche comme un lis;
　A mon retour, je donne
　Un lis à la Madone,
　A saint Marc un laurier.
Que saint Marc et la Madone
Soient en aide au gondolier!

QUATRAIN.

Il n'est point d'amis sur la terre;
On n'entend dire que cela.
Ah! ne m'ôtez pas ma chimère!
Il est si doux de croire qu'on en a!

MA MÈRE
TU NE RÉPONDS PAS!

ROMANCE.

Air: *Laissez moi le pleurer, ma mère.*

« Pleurons tout bas... Elle sommeille ;
J'attends son réveil cette nuit ;
Du vent qui frappe mon oreille
Dans mon cœur retentit le bruit.
Sur le marbre de cette tombe
Il me semble entendre des pas :
Non, c'est une feuille qui tombe...
Ma mère, tu ne réponds pas !

« J'entends encore sonner l'heure,
L'heure où son âme s'envola ;
Mon bonheur, des lieux où je pleure,
Avec elle aux cieux s'exhala.
Dans la tombe je veux te suivre,
J'y veux descendre sur tes pas ;
Mais pour mon fils, ah ! je dois vivre...
Ma mère, tu ne réponds pas ! »

Le jour vient, Zulma se retire,
D'un rideau soulève les plis,
Elle voit son fils lui sourire
Et de baisers couvre son fils.
« Pour toi je subirai la vie ;
Pour ta mère aussi tu vivras ;
Mon fils, en t'embrassant, j'oublie
Que ma mère ne répond pas. »

LES AUTEURS DRAMATIQUES.

AIR : *Je loge au quatrième étage.*

Nos auteurs sont par trop stériles ;
Ils vivent d'un ou deux sujets
Qu'ils arrangent en vaudevilles,
En mélodrames, en ballets ;
Chaque pièce se multiplie ;
Et ces messieurs, ça fait trembler,
Se prennent tout, hors le génie,
Qu'ils ne peuvent pas se voler.

FIDÈLE.

CHANSONNETTE.

Air: *du Vaudeville* du Premier Prix

Le chien de Lise était fidèle ;
Fidèle est le nom qu'il avait ;
Un jour, dans le bois, autour d'elle
Il sautillait... Lise rêvait.. Le chien aboie.
« Tais-toi donc !... Je suis attentive...
C'est Lucas ! comme il chante bien ! »
Et voici que Lucas arrive...
Lise sourit, et bat son chien.
Le chien pleure.

Pour mieux séduire la bergère
Lucas pressait, pleurait, priait ;
Pour la ramener chez sa mère
Vainement Fidèle aboyait. Le chien aboie.
« A minuit, venez, dit la belle,
Mais pour que l'on n'entende rien,
Emmenez, attachez Fidèle... »
Et Lucas emmène le chien. Le chien pleure.

Mais le chant du coq du village
A déjà retenti trois fois.
« Quoi ! Lucas serait-il volage ?
J'entends du bruit!... C'est lui, je crois...
Il n'ose frapper, par prudence ;
Il gratte à la porte, fort bien. »
Lise ouvre... Joyeux, qui s'élance ?
Son amant ? Non, c'était son chien !

LES
CANCANS DE VILLAGE.
CHANSONNETTE.

AIR: *On dit que je suis sans malice.*

COMME sur une pauvre fille
Tout le monde jase et babille !
C'est une horreur, en vérité.
On dit que je perds ma gaîté,
Que je soupire, que je pense,
Que j'aime Albin plus que la danse...
Moi, dire que j'aime un garçon,
N'est-ce pas une trahison ?

On dit qu'hier à la vallée
Il m'entraîna sous la feuillée ;
C'est vrai ; mais ce fut par hasard ;
J'avais peur, il était si tard !
S'il est le plus beau du village,
Albin est aussi le plus sage.
Moi, dire que j'aime un garçon,
N'est ce pas une trahison ?

Alix sans cesse me querelle,
C'est de dépit d'être moins belle ;
On sait bien qu'elle a des galans,
Car elle a toujours des rubans.
Albin m'a donné sa houlette ;
Oui, mais ce n'est pas en cachette.
Moi, dire que j'aime un garçon,
N'est ce pas une trahison ?

On dit, c'est la grosse Simoune,
Qui prêche et jamais ne pardonne,
Qu'Albin est toujours sur mes pas...
C'est elle qui poursuit Lucas.
Voyez un peu la médisance !
On dit... je rougis quand j'y pense...
Moi, dire que j'aime un garçon,
N'est ce pas une trahison ?

ROSE.

CHANSONNETTE.

AIR: *De la ville et du village.*

J'AIME Rose ; mais, par malheur,
Elle est sévère autant que belle ;
Je ne puis attendrir son cœur,
Quand le mien ne bat que pour elle ;
Je ne lis dans ses jolis yeux
Qu'un dédain cruel qui m'impose...
Si je suis aussi malheureux,
N'est ce pas la faute de Rose ?

Si j'ose lui parler d'amour,
Son front riant devient sévère ;
Et je découvre chaque jour
Que vainement je veux lui plaire.
Un amant est souvent rêveur ;
Mon humeur sombre l'indispose..
Si l'ennui pèse sur mon cœur.
N'est ce pas la faute de Rose ?

D'éprouver un si triste sort,
Faut il que je me désespère,
Que j'appèle à grands cris la mort
Pour terminer ma peine amère ?
Non, non !... ajournons mon trépas!
De ses jours bien fou qui dispose !
Mais si d'amour je ne meurs pas,
Ce n'est pas la faute de Rose.

LE MONSTRE.

A MADEMOISELLE A. L...

Air : *De l'Angelus.*

Il faut donc vous ouvrir mon cœur !
De cet aveu n'allez pas rire !
J'aime un monstre... Dieux ! quelle horreur !
Un monstre !.... Êtes vous en délire ?   (*bis.*)
Non, car mon goût, assurément,
Par la raison se fortifie.
Sachez que ce monstre est charmant
Et que je l'aime à la folie.   (*bis.*)

Le cœur et l'esprit, à la fois,
Sont captivés par son langage ;
L'Amour pourrait dans ses dix doigts
Serrer le bas de son corsage. (*bis*.
Il a l'œil vif et l'air mutin ;
Enfin, par un contraste étrange,
Il est méchant comme un lutin,
Mais il est joli comme un ange ! (*bis*.

D'un monstre femelle, à vos yeux,
J'ai faiblement tracé l'image ;
Mais lorsqu'un peintre est amoureux
Il manque souvent son ouvrage. (*bis*.
Ce portrait, sans doute, est banal...
Eh bien ! que ma faute s'expie !
Accordez moi l'original...
Pour recommencer la copie. (*bis*.)

COUPLETS.

J'arrose, j'arrose, j'arrose,
Le matin, l'œillet et la rose ;
Mais, le soir, jamais je n'arrose
    Que le gosier
    Du jardinier.

Quand se fâche ma ménagère,
Je lui reproch' son air mutin ;
Car je suis bon, doux et sincère,
Mais, surtout, tendre dans le vin.
J'arrose, etc.

Pour prospérer, dans la nature,
Aux fleurs il faut d'l'eau, c'est certain ;
Mais, pour qu'ils prospèrent, je l'jure,
Aux jardiniers il faut du vin.
J'arrose, etc.

VERS ÉCRITS SUR UN ALBUM.

Doux souvenir est rêve de bonheur ;
Belle Elisa, qui te voit peut y croire.
Le Souvenir est fils de la Mémoire,
Et la Mémoire a le secret du cœur.

LES HUÎTRES.
ROMANCE.
Air: *Bouton de rose.*

Avec des huîtres
Que le Chablis est excellent !
Je donnerais fortune et titres
Pour m'enivrer de ce vin blanc
   Avec des huîtres.

Avec des huîtres
On est mieux qu'avec des savans ;
On lit de moins quelques chapitres ;
Mais on ne perd jamais son temps
   Avec des huîtres.

Avec des huîtres
J'oublie un monde corrompu ;
Laissant là faquins et bélîtres,
Que n'ai je, hélas ! toujours vécu
   Avec des huîtres !

CALENDRIER

GRÉGORIEN

POUR L'ANNÉE

1831.

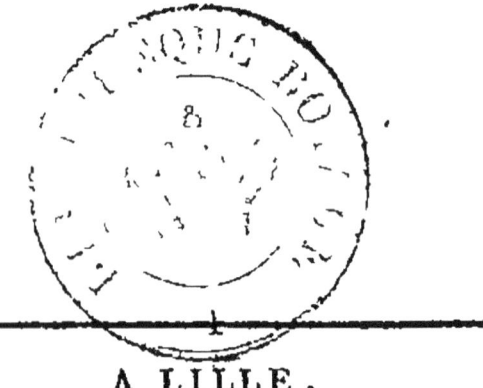

A LILLE,

Chez VANACKERE FILS, Imprimeur-Libraire
place du Théâtre, N.° 10.

ARTICLES DU CALENDRIER.

SIGNES DU ZODIAQUE.

♈	Le Bélier.		♎	La Balance.
♉	Le Taureau.		♏	Le Scorpion.
♊	Les Gémeaux.	*Septentrion.*	♐	Le Sagittaire.
♋	L'Ecrevisse.		♑	Le Capricorne.
♌	Le Lion.		—	Le Verseau.
♍	La Vierge.		♓	Les Poissons.

Méridionaux.

☼ Le Soleil.

FIGURES ET NOMS DES PLANETES.

☿	Mercure.	♃	Jupiter.	⚶	Pallas.
♀	Vénus.	♄	Saturne.	⚵	Junon.
⊕	La Terre.	⛢	Uranus.		
♂	Mars.	⚳	Cérès.	⚶	Vesta.

☾ La Lune, satellite de la Terre.

SAISONS.

Printemps, 21 Mars, à 8 h. 31′ du matin.	*Automne*, 23 Septembre, à 7 h. 55′ du soir.
Été, 22 Juin, à 5 h. 48′ du matin.	*Hiver*, 22 Décembre, à 1 h. 15′ du soir.

FETES MOBILES.

Septuagésime, 30 *Janv.*	TRINITÉ, 29 *Mai.*
Cendres, 16 *Fév.*	FÊTE-DIEU, 2 *Juin.*
PAQUES, 3 *Avril*	Avent, 27 *Novembre.*
Rogat. 9, 10 et 11 *Mai*	De l'Epiphanie à la Sep-
ASCENSION, 12 *Mai.*	tuagésime, 3 *Dim.*
PENTECOTE, 22 *Mai.*	De la Pent. à l'Av. 26 *D.*

Comput Ecclésiastique.	*Quatre-Temps.*
Nombre d'or .... 8.	23, 25 et 26 Février.
Epacte ...... XVII.	25, 27 et 28 Mai.
Cycle solaire ... 20.	21, 23 et 24 Septembre.
Indiction Romaine. 4.	14, 16 et 17 Décembre.
Lettre Dominicale. B.	

JANVIER 1831. *Signe*, le Verseau.

- D Q. le 5, à 11 h. 4′ du soir. *Apogée le 8.*
- N. L. le 14, à 2 h. 8′ du matin.
- P. Q. le 21 a 7 h. 38′ matin. *Périgée le 23.*
- P. L. le 28, a 2 h. 4′ du matin.

JOURS, DATES et Noms des Saints.	Lev du S H. M	Cou. du S H. M	Lever de la L. H. M	Couch. de la L. H. M
1 s. Circoncision.	7 53	4 8	7 55 Soir	9 38 Matin
2 D. s. Macaire, ab	7 52	4 8	9 1	10 0
3 l. ste. Géneviève	7 51	4 9	10 7	10 39
4 m. s. Rigobert, év.	7 51	4 9	11 11	11 5
5 m. s Siméon Styl.	7 50	4 10	Matin.	11 29
6 j. Épiphanie.	7 50	4 11	0 13	11 53
7 v. s Lucien, év.	7 49	4 11	1 14	0 18 Soir
8 s. ste. Gudule.	7 48	4 12	2 15	0 44
9 D s. Julien, mart.	7 47	4 13	3 15	1 14
10 l. s. Guillaume.	7 47	4 14	4 13	1 47
11 m. s. Hygin, pap.	7 46	4 15	5 10	2 26
12 m. s Arcade, mar	7 45	4 16	6 5	3 11
13 j. Bapt. de N. S	7 44	4 17	6 54	4 3
14 v. s Hilaire, év.	7 43	4 18	7 39	5 2
15 s. s. N de Jésus.	7 42	4 19	8 19	6 6
16 D s. Fursi, abbé.	7 41	4 20	8 55	7 13
17 l. s. Antoine, ab.	7 40	4 21	9 26	8 23
18 m. Ch. s. Pierre à R	7 39	4 22	9 56	9 34
19 m. s. Canut, Roi.	7 37	4 23	10 24	10 46
20 j. ss. Fab. et Séb.	7 36	4 24	10 52	11 58
21 v. ste. Agnès, v.	7 35	4 26	11 22	Matin.
22 s s. Vincent, m	7 34	4 27	11 55	1 12
23 D. s. Raymond, c.	7 32	4 29	0 33 Soir	2 26
24 l. s. Timothée.	7 31	4 30	1 17	3 37
25 m. Conv. de s. P.	7 30	4 31	2 9	4 44
26 m s. Polycarpe.	7 28	4 32	3 8	5 45
27 j. s. Jean Chrys.	7 27	4 34	4 13	6 57
28 v. s. Charlemagne	7 26	4 35	5 21	7 21
29 s. s. Franç. de S.	7 24	4 36	6 30	7 57
30 D. Septuagésime.	7 23	4 38	7 38	8 29
31 l. s. Pierre Nolas.	7 21	4 39	8 45	8 57

4
FÉVRIER. *Signe*, les Poissons. ♓

- ☾ D. Q. le 4, à 8 h. 27' du soir. *Apogée le 5.*
- ● N. L. le 12, à 5 h. 8' du soir. *Périgée le 18*
- ☽ P. Q. le 19, à 3 h. 8' du soir.
- ○ P. L. le 26, à 4 h. 59' du soir.

JOURS, DATES et Noms des Saints.		Lev. du S	Cou. du S	Lever de la L.	Couch de la L.
		H. M.	H. M.	H. M.	H. M.
1	m	s. Ignace, év.	7 20	4 41	9 49	9 23
2	m.	Purification.	7 18	4 42	10 52	9 49
3	j.	s. Blaise, év.	7 17	4 44	11 54	10 13
4	v.	s André de C.	7 15	4 45	Matin	10 39
5	s.	ste. Agathe, v.	7 14	4 47	0 55	11 7
6	D.	Sexagésime.	7 12	4 49	1 54	11 39
7	l.	s. Romuald, a.	7 10	4 50	2 52	0 15
8	m	s. Jean de Mat.	7 9	4 52	3 47	0 59
9	m	ste Apolline, v	7 7	4 53	4 30	1 47
10	j.	ste. Scholastiq.	7 6	4 55	5 28	2 42
11	v.	s. Séverin.	7 4	4 56	6 10	3 46
12	s	ste Eulalie, v.	7 2	4 58	6 49	4 54
13	D.	Quinquagés.	7 1	5 0	7 23	6 5
14	l.	s. Valentin, p.	6 59	5 2	7 54	7 18
15	m.	s. Faustin, m.	6 57	5 3	8 24	8 31
16	m.	Les Cendres.	6 56	5 5	8 52	9 45
17	j.	s. Donat, mart	6 54	5 7	9 23	11 0
18	v.	s. Siméon.	6 52	5 9	9 55	Matin.
19	s.	s. Gabin, m.	6 50	5 10	10 32	0 14
20	D.	Quadragésim	6 49	5 12	11 13	1 26
21	l.	s. Flavien.	6 47	5 14	0 1	2 33
22	m.	Ch. des. P. à A	6 45	5 16	0 57	3 34
23	m.	s. Florent, 4T.	6 44	5 17	1 58	4 29
24	j	s. Mathias, ap	6 42	5 19	3 4	5 16
25	v.	s. César c. 4T.	6 40	5 21	4 13	5 54
26	s.	s. Alexand. 4T.	6 38	5 23	5 21	6 28
27	D	Reminiscere.	6 37	5 24	6 28	6 58
28	l.	s. Romain, ab.	6 35	5 26	7 33	7 25

Éclipse de Lune le 26 Février, en partie visible à Paris, à 3 h. 30' s.

MARS. *Signe*, le Bélier. ♈

- D. Q. le 6, à 5 h. 21′ du soir. *Apogée le 4.*
- N. L. le 14, à 5 h. 59′ du matin. *Périgée le 16.*
- P. Q. le 20, à 10 h. 27′ du soir.
- P. L. le 28, à 8 h. 31′ du matin.

JOURS, DATES et Noms des Saints.	Lev. du S.	Cou. du S.	Lever de la L.	Couch. de la L.
	H. M.	H. M.	H. M.	H. M.
1 m. s Aubin.	6 33	5 28	8 38	7 51
2 m. s. Simplice, p.	6 31	5 30	9 41	8 15
3 j. ste. Cunégonde	6 29	5 31	10 43	8 41
4 v. s. Casimir, c.	6 28	5 33	11 43	9 9
5 s. s Théophile.	6 26	5 35	Matin.	9 39
6 D. *Oculi.*	6 24	5 37	0 42	10 14
7 l. s Thomas, d'A.	6 22	5 39	1 39	10 53
8 m. s. Jean de Dieu	6 20	5 40	2 32	11 39
9 m. ste. Françoise.	6 19	5 42	3 21	0 31
10 j. Les 40 Mart.	6 17	5 44	4 6	1 31
11 v. s. Firmin, abbé.	6 15	5 46	4 47	2 37
12 s. s Grégoire, p.	6 13	5 48	5 23	3 47
13 D. *Lætare.*	6 11	5 49	5 56	5 0
14 l. ste. Mathilde.	6 10	5 51	6 27	6 16
15 m. s. Longin, m.	6 8	5 53	6 57	7 33
16 m. s. Abraham, e.	6 6	5 55	7 28	8 50
17 j. s. Patrice, év.	6 4	5 57	8 2	10 7
18 v. s. Gabriel, ar.	6 2	5 58	8 37	11 22
19 s. s. Joseph, c.	6 1	6 0	9 18	Matin.
20 D. *La Passion*	5 59	6 2	10 5	0 32
21 l. s. Benoît, ab.	5 57	6 4	10 58	1 37
22 m. s. Basile.	5 55	6 6	11 57	2 33
23 m. s. Victorien, c.	5 53	6 8	1 2	3 21
24 j. s. Siméon, m.	5 51	6 9	2 8	4 1
25 v. *Annonciation.*	5 50	6 11	3 15	4 36
26 s. s Ludger, év.	5 48	6 13	4 22	5 6
27 D. *Les Rameaux.*	5 46	6 15	5 28	5 34
28 l. s. Gontran, roi	5 44	6 17	6 32	6 0
29 m. s. Bertholde, c.	5 42	6 18	7 36	6 24
30 m. s. Amédée, d.	5 41	6 20	8 39	6 50
31 j. *La Cène*	5 39	6 22	9 41	7 18

AVRIL. *Signe*, le Taureau. ♉

- ☽ D. Q. le 5 à 0 h. 12′ du soir. *Apogée le 1.er*
- ☉ N. L. le 12, à 4 h. 9′ du soir. *Périgée le 13*
- ☽ P. Q. le 19, à 6 h. 37′ du matin
- ☽ P. L. le 27, à 0 h. 28′ du matin. *Apogée le 28.*

JOURS, DATES et Noms des Saints.			Lev. du S	Cou. du S	Lever de la L	Couch de la L
			H. M.	H. M.	H. M.	H. M.
1	v.	Mort de N. S	5 37	6 24	10 Soir 41	7 Matin 47
2	s.	s. Franç. de P.	5 35	6 25	11 38	8 19
3	D.	*PAQUES.*	5 34	6 27	Matin.	8 57
4	l.	*Pâques*	5 32	6 29	0 33	9 40
5	m.	s. Vincent Fer.	5 30	6 31	1 23	10 29
6	m.	s. Célestin, p.	5 28	6 33	2 9	11 24
7	j.	s. Hégésipe, c.	5 26	6 34	2 50	0 Soir 26
8	v.	s. Albert, pat.	5 25	6 36	3 28	1 33
9	s.	ste. Marie.	5 23	6 38	4 1	2 44
10	D.	Quasimodo.	5 21	6 40	4 33	3 58
11	l.	s. Léon, p. d.	5 19	6 41	5 3	5 15
12	m.	s. Jules, pape.	5 18	6 43	5 34	6 33
13	m.	s. Herménégil.	5 16	6 45	6 5	7 52
14	j.	s. Tiburce, m.	5 14	6 47	6 40	9 12
15	v.	ste. Anastasie.	5 12	6 48	7 20	10 28
16	s.	s. Druon, c.	5 11	6 50	8 6	11 37
17	D.	s. Anicet, p.	5 9	6 52	8 59	Matin.
18	l.	s. Parfait, m.	5 7	6 54	9 58	0 37
19	m.	s. Léon IX, p.	5 6	6 55	11 1	1 28
20	m.	s. Théodore, c	5 4	6 57	0 Soir 8	2 11
21	j.	s. Anselme, év.	5 2	6 59	1 15	2 47
22	v.	s. Soter et C.	5 0	7 0	2 21	3 18
23	s.	s. Georges, m.	4 59	7 2	3 26	3 46
24	D.	s. Fidèle, m.	4 57	7 4	4 30	4 12
25	l.	s. Marc. (*Abs.*)	4 55	7 5	5 34	4 36
26	m.	s. Clète.	4 54	7 7	6 37	5 1
27	m.	s. Anthime, év.	4 52	7 9	7 39	5 27
28	j.	s. Vital, m.	4 51	7 10	8 39	5 55
29	v.	s. Pierre, m.	4 49	7 12	9 38	6 26
30	s.	ste. Cath. de S.	4 47	7 13	10 33	7 1

MAI Signe, les Gémeaux.

D. Q. le 5, à 3 h. 44' du matin.
N. L. le 12, à 0 h. 10' du matin. *Périgée le 12.*
P. Q. le 18, à 4 h. 22' du soir.
P. L. le 26, à 4 h. 10' du soir. *Apogée le 26.*

JOURS, DATES et Noms des Saints			Lev. du S.	Cou. du S.	Lever de la L.	Couch. de la L.
			H. M.	H. M.	H. M.	H. M.
1	D.	ss. Jacq. et Ph.	4 46	7 15	11 25	Matin. 41
2	l.	s. Athanase, p.	4 44	7 16	Matin.	Matin. 27
3	m.	Inv. ste. Croix	4 43	7 18	0 12	Matin. 20
4	m.	ste. Monique.	4 41	7 20	0 54	0 20
5	j.	s. Maurant, ab.	4 40	7 21	1 32	11 23
6	v.	s. Jean P. Lat.	4 38	7 23	2 6	10 Soir. 28
7	s.	ste. Flavie	4 36	7 24	2 38	1 37
8	D.	App. de s. Mic.	4 35	7 26	3 6	2 51
9	l.	*Rogations.*	4 33	7 27	3 35	4 9
10	m.	s. Antonin *Rog.*	4 32	7 29	4 5	5 28
11	m.	s. Gengoul *Rog.*	4 31	7 30	4 38	6 48
12	j.	ASCENSION.	4 29	7 31	5 14	8 6
13	v.	ste. Restitue	4 28	7 33	5 58	9 21
14	s.	s. Servais, év.	4 26	7 34	6 49	10 29
15	D.	s. Boniface, m.	4 25	7 36	7 47	11 26
16	l.	s. Isidore, m.	4 24	7 37	8 51	Matin.
17	m.	s. Honoré, év.	4 22	7 38	9 58	0 14
18	m.	s. Venant.	4 21	7 39	11 7	0 54
19	j.	s. Yves.	4 20	7 41	0 Soir. 14	1 26
20	v.	s. Bernard.	4 19	7 42	1 21	1 54
21	s.	s Hospice, *V. J.*	4 17	7 43	2 26	2 20
22	D.	PENTECÔTE.	4 16	7 44	3 29	2 44
23	l.	s. Didier, arch.	4 15	7 46	4 31	3 8
24	m.	ste. Jeanne.	4 14	7 47	5 32	3 33
25	m.	s. Urbain, 4 *T.*	4 13	7 48	6 33	4 0
26	j.	s. Philippe de N.	4 12	7 49	7 33	4 28
27	v.	s. Jules. 4 *T.*	4 11	7 50	8 30	5 2
28	s.	s. Germain 4 *T.*	4 10	7 51	9 22	5 40
29	D	*Trinité.*	4 9	7 52	10 11	6 23
30	l.	s. Ferdinand.	4 8	7 53	10 55	7 13
31	m.	ste. Pétronille.	4 7	7 54	11 33	8 10

JUIN. Signe, l'Ecrevisse. ♋

D. Q. le 3, à 3 h. 29′ du soir. *Périgée le 9.*
N. L. le 10, à 7 h. 1′ du matin.
P. Q. le 17, à 4 h. 9′ du matin. *Apogée le 22.*
P. L. le 25, à 7 h. 9′ du matin.

JOURS, DATES et Noms des Saints.			Lev. du S H. M.	Cou. du S H. M.	Lever de la L. H. M.	Couch. de la L. H. M.
1	m.	s. Fortuné.	4 6	7 54	Matin.	9 10 Matin.
2	j.	*Fête Dieu.*	4 5	7 55	0 7	10 13
3	v.	ste. Clotilde.	4 4	7 56	0 38	11 21
4	s.	s. Quirin.	4 4	7 57	1 7	0 31 Soir.
5	D.	s. Boniface	4 3	7 57	1 34	1 44
6	l.	s. Norbert, év.	4 2	7 58	2 2	3 6
7	m.	s. Robert, ab.	4 1	7 59	2 32	4 17
8	m.	s. Médard.	4 1	7 59	3 6	5 35
9	j.	ste. Pélagie.	4 0	8 0	3 46	6 51
10	v.	s Landry, év.	4 0	8 0	4 30	8 5
11	s.	s. Barnabé, ap.	3 59	8 1	5 25	9 9
12	D.	s Onuphre.	3 59	8 1	6 27	10 3
13	l.	s. Antoine, P.	3 58	8 2	7 36	10 47
14	m.	s. Basile, év.	3 58	8 2	8 46	11 23
15	m.	ss. Vite et Mod.	3 58	8 2	9 56	11 53
16	j.	s. Franç. Régis.	3 57	8 3	11 4	Matin.
17	v.	s. Avy, abbé.	3 57	8 3	0 10 Soir.	0 20
18	s.	ste. Marine, v.	3 57	8 3	1 15	0 45
19	D.	s. Gervais et P.	3 57	8 3	2 18	1 9
20	l.	s. Silvère, p.	3 57	8 3	3 20	1 33
21	m.	s. Louis de G.	3 57	8 3	4 20	1 59
22	m.	s. Paulin, év.	3 57	8 3	5 20	2 27
23	j.	s. Liébert, év.	3 57	8 3	6 19	2 58
24	v.	*N des. J. B.*	3 57	8 3	7 13	3 34
25	s.	Tr. de s. Eloi.	3 57	8 3	8 4	4 15
26	D.	s. Jean et Paul.	3 57	8 3	8 50	5 4
27	l.	s. Ladislas, roi.	3 57	8 3	9 30	5 58
28	m.	s. Irénée.	3 57	8 3	10 5	6 57
29	m.	*ss. Pierre et P.*	3 58	8 2	10 37	7 59
30	j.	Comm. s. Paul.	3 58	8 2	11 6	9 5

JUILLET. Signe, le Lion. ♌

D. Q. le 2, à 11 h. 50' du soir. *Périgée le 7.*
N. L. le 9, à 1 h. 57' du soir.
P. Q. le 16, à 6 h. 12' du soir. *Apogée le 20.*
P. L. le 24, à 9 h. 14' du soir.

JOURS, DATES et Noms des Saints.			Lev. du S	Cou. du S	Lever de la L.	Couch. de la L.
			H. M.	H. M.	H. M.	H. M.
1	v.	s. Rombaut, év.	3 58	8 1	11 32	10 14 Mat.S.
2	s.	Visitat. de la V.	3 59	8 1	Matin.	11 25
3	D.	s. Hyacinthe.	3 59	8 0	0 0	0 36 Soir.
4	l.	Tr. s. Martin.	4 0	8 0	0 24	1 50
5	m.	ste. Zoé, mart.	4 0	8 0	0 57	3 5
6	m.	ste. Godelive.	4 1	7 59	1 32	4 20
7	j.	s. Willebaud.	4 2	7 58	2 14	5 35
8	v.	s. Elisabeth, r.	4 2	7 58	3 4	6 44
9	s.	Les 19 Mart. G.	4 3	7 57	4 3	7 43
10	D.	ste. Félicité, m.	4 4	7 56	5 9	8 32
11	l.	Tr. de s. Benoît	4 4	7 55	6 19	9 14
12	m.	s. Gualbert, ab.	4 5	7 54	7 31	9 49
13	m.	s. Anaclet, pr.	4 6	7 54	8 40	10 18
14	j.	s. Bonaventure	4 7	7 53	9 46	10 45
15	v.	s. Henri, emp	4 8	7 52	10 52	11 10
16	s.	N.-D. du M. C.	4 9	7 51	0 0 Soir.	11 34
17	D.	s. Alexis, conf.	4 10	7 50	1 4	11 58
18	l.	s. Arnould, év.	4 11	7 49	2 6	Matin.
19	m.	s. Vincent de P.	4 12	7 48	3 7	0 25
20	m.	ste Marguerite	4 13	7 47	4 6	0 55
21	j.	s. Victor, m.	4 14	7 46	5 2	1 29
22	v.	ste. Marie M.	4 15	7 45	5 55	2 9
23	s.	s. Apollinaire.	4 16	7 43	6 43	2 55
24	D.	ste. Christine.	4 17	7 42	7 26	3 48
25	l.	s. Jacq. et s. Ch.	4 18	7 41	8 4	4 46
26	m.	ste. Anne.	4 20	7 40	8 37	5 50
27	m.	s. Désiré, év.	4 21	7 38	9 6	6 54
28	j.	s. Nazaire.	4 22	7 37	9 35	8 2
29	v.	ste. Marthe, v.	4 24	7 36	10 2	9 13
30	s.	s. Abdon, m.	4 25	7 34	10 29	10 24
31	D.	s. Ignace de L.	4 27	7 32	10 59	11 35

AOUT. *Signe*, la Vierge. ♍

- D. Q. le 1, à 5 h. 51′ du matin. *Périgée le 4.*
- N. L. le 7, à 10 h. 13′ du soir. *Apogée le 16.*
- P. Q. le 15, à 10 h. 33′ du matin. *Périgée le 31.*
- P. L. le 23, à 10 h 15′ m. D. Q. le 30, à 10 h. 5′ m.

JOURS, DATES et Noms des Saints			Lev. du S.	Cou. du S.	Lever de la L.	Couch. de la L.
			H. M.	H. M.	H. M.	H. M.
1	l.	s. Pierre ès-L.	4 28	7 31	11 S 30	0 S 44
2	m.	N. D. des Anges	4 29	7 30	Matin.	2 3
3	m.	Inv. s. Etienne	4 30	7 29	0 8	3 18
4	j.	s. Dominique	4 32	7 28	0 53	4 27
5	v.	N. D. aux Neig.	4 33	7 26	1 46	5 29
6	s.	Tr. de N. Seig.	4 35	7 25	2 47	6 23
7	D.	s. Gaëtan de T.	4 36	7 23	3 55	7 7
8	l.	s Cyriaque.	4 38	7 22	5 6	7 45
9	m.	s. Romain, m.	4 39	7 20	6 19	8 17
10	m.	s. Laurent, ar	4 41	7 19	7 29	8 40
11	j.	ste. Susanne, v.	4 42	7 17	8 39	9 11
12	v.	ste. Claire, v.	4 44	7 16	9 47	9 37
13	s.	s. Hypolite V. J	4 45	7 14	10 52	10 1
14	D.	s. Eusèbe.	4 47	7 12	11 54	10 28
15	l.	ASSOMPTION	4 48	7 11	0 S 56	10 57
16	m.	s. Roch, conf	4 50	7 9	1 58	11 30
17	m.	s. Mammez, m.	4 52	7 8	2 54	Matin.
18	j.	ste. Hélène.	4 53	7 6	3 48	0 8
19	v.	ste. Thècle.	4 55	7 4	4 39	0 52
20	s.	s. Bernard, ab.	4 57	7 3	5 24	1 41
21	D.	ste. Franç. de C.	4 58	7 1	6 4	2 36
22	l.	s. Simphorien.	5 0	6 59	6 40	3 38
23	m.	s. Philippe B.	5 1	6 58	7 12	4 44
24	m.	s. Barthélémi.	5 3	6 56	7 41	5 54
25	j.	s. Louis, Roi	5 5	6 54	8 10	7 5
26	v.	s. Zéphirin, pa.	5 7	6 53	8 38	8 17
27	s.	s. Césaire d'Arl.	5 8	6 51	9 7	9 30
28	D.	s. Augustin, év.	5 10	6 49	9 39	10 44
29	l.	Déc. des J. B.	5 12	6 48	10 14	11 57
30	m.	ste Rose de L.	5 13	6 46	10 54	1 S 10
31	m.	s. Raymond N.	5 15	6 44	11 42	2 S 20

SEPTEMBRE. *Signe*, la Balance. ♎

- ☉ N. L. le 6, à 8 h. 42' du matin. *Apogée le 13.*
- ☽ P. Q. le 14, à 4 h. 51' du matin.
- ☾ P. L. le 21, à 10 h. 51' du soir. *Périgée le 25.*
- ☽ D. Q. le 28, à 4 h. 38' du soir.

JOURS, DATES et Noms des Saints.		Lev. du S.	Cou. du S.	Lever. de la L.	Couch. de la L.
		H. M.	H. M.	H. M.	H. M.
1	j. s. Gilles, abbé.	5 17	6 42	Matin.	3 S.24
2	v. s. Etienne, Roi.	5 18	6 41	0 42	4 19
3	s. ste. Séraphie.	5 19	6 39	1 46	5 7
4	D. ste. Rosalie, v.	5 22	6 37	2 55	5 48
5	l. s. Bertin, abb.	5 24	6 35	4 5	6 21
6	m. s. Zacharie, pr.	5 25	6 34	5 16	6 51
7	m. ste. Reine, v.	5 27	6 32	6 27	7 18
8	j. *Nat. de N. D.*	5 29	6 30	7 36	7 48
9	v. s. Omer, év.	5 31	6 28	8 42	8 12
10	s. s. Nicol. de T.	5 32	6 27	9 48	8 36
11	D. ss. Prote et H.	5 34	6 25	10 51	9 4
12	l. s. Guidon, c.	5 36	6 23	11 53	9 35
13	m. s. Aimé, arch.	5 38	6 21	0 S.52	10 11
14	m. Exalt. de ste. C.	5 40	6 20	1 47	10 53
15	j. s Emile.	5 41	6 18	2 39	11 39
16	v. ste. Euphémie.	5 43	6 16	3 27	Matin.
17	s. s. Lambert	5 45	6 14	4 9	0 33
18	D. ste Sophie.	5 47	6 12	4 46	1 33
19	l. s. Janvier.	5 48	6 11	5 19	2 36
20	m. s. Eustache, m.	5 50	6 9	5 51	3 44
21	m. s. Matthieu 4 *T.*	5 52	6 7	6 20	4 56
22	j. s. Maurice.	5 54	6 5	6 48	6 9
23	v. s. Lin, p. 4 *T.*	5 56	6 4	7 17	7 23
24	s. ND. de la M. 4 *T.*	5 57	6 2	7 48	8 40
25	D. s. Firmin, év.	5 59	6 0	8 23	9 56
26	l. ste. Justine, v.	6 1	5 58	9 3	11 10
27	m. ss. Côme et D.	6 3	5 56	9 50	0 S.21
28	m. s. Wenceslas.	6 5	5 55	10 45	1 27
29	j. Déd. de s. Mic.	6 6	5 53	11 47	2 25
30	v. s. Jérôme, pr.	6 8	5 51	12 51	3 15

DÉCEMBRE., *Signe* le Capricorne. ♑
- ☉ N. L. le 4, à 7 h. 57′ du matin. *Apogée le 5.*
- ☽ P. Q. le 12, à 11 h. 31′ du matin. *Périgée le 18.*
- ☽ P. L. le 19, à 5 h. 20′ du matin.
- ☽ D. Q. le 26, a 0 h. 20′ du matin.

JOURS, DATES et Noms des Saints.		Lev. du S.	Cou. du S.	Lever de la L.	Couc. de la L.
		H. M.	H. M.	H. M.	H. M.
1	j. s. Éloi, évêq.	7 44	4 15	4 25 Matin	3 16 Soir
2	v. ste Bibiane, v.	7 45	4 14	5 29	3 42
3	s. s. Franç. Xav.	7 46	4 13	6 29	4 12
4	D. ste. Barbe, v.	7 47	4 13	7 29	4 46
5	l. s. Sabbas, ab.	7 48	4 12	8 29	5 26
6	m. s. Nicolas, év.	7 49	4 11	9 15	6 10
7	m. s. Ambroise.	7 49	4 10	10 5	7 1
8	j. Conc. de N. D.	7 50	4 10	10 47	7 57
9	v. ste. Léocadie.	7 51	4 9	11 23	8 56
10	s. ste. Valère, v.	7 51	4 8	11 53	9 58
11	D. s. Damase, p.	7 52	4 8	0 20 Soir	11 3
12	l. ste. Constance.	7 52	4 7	0 45	Matin.
13	m. ste. Luce, v.	7 53	4 7	1 8	0 11
14	m. s. Nicaise, 4 T.	7 53	4 7	1 34	1 21
15	j. s. Mesmin,	7 54	4 6	2 3	2 34
16	v. ste. Adel. 4 T.	7 54	4 6	2 36	3 52
17	s. ste. Olym 4 T.	7 54	4 6	3 15	5 11
18	D. s. Gatien	7 54	4 6	4 1	6 27
19	l. s. Timothé.	7 55	4 5	4 55	7 40
20	m. s Philogone, é.	7 55	4 5	5 57	8 44
21	m. s. Thomas.	7 55	4 5	7 6	9 40
22	j. s. Flavien.	7 55	4 5	8 21	10 27
23	v. ste. Victoire.	7 55	4 5	9 35	11 3
24	s. s. Delphin V. J.	7 55	4 5	10 47	11 33
25	D. NOËL	7 55	4 5	11 55	11 59
26	l. s. Etienne, m.	7 55	4 5	Matin.	0 24 Soir
27	m. s. Jean, évang.	7 54	4 6	1 1	0 47
28	m. ss Innocens.	7 54	4 6	2 4	1 11
29	j. s. Thomas de C.	7 54	4 6	3 8	1 36
30	v. s. Sabin, év.	7 53	4 7	4 10	2 3
31	s. s. Sylvestre.	7 53	4 7	5 10	2 34

OBSERVATIONS SUR L'ANNÉE.

Cette Année est celle de notre Seigneur 1831, et contient 365 jours.

Depuis le commencement du Monde, il y a 5831 ans.

Depuis le Déluge universel, 4175 ans.

Depuis la Mort et Résurrection de N. S. J.-C. 1798 ans.

Année de la période Julienne, 6544.

Depuis la première Olympiade d'Iphitus jusqu'en Juillet, 2605.

De la fond. de Rome, selon Varron (Mars) 2584.

De l'époque de Nabonassar, 2578.

De la Correction Grégorienne, 249.

L'année 1246 des Turcs a commencé le 22 Juin 1830, et finira le 11 Juin 1831, selon l'usage de Constantinople.

ÉCLIPSES.

Il y aura cette année deux Éclipses de Soleil et deux Éclipses de Lune.

La première Éclipse de Soleil, invisible à Paris, aura lieu le 12 Février.

Le 26 Février, Éclipse de Lune en partie visible à Paris.

Opposition à 4 h. 59 m. 5 s. du soir, en 5s 7° 23′ 55″ de longitude, et en 35′ 37″ de latitude boréale. Commencement de l'Éclipse à 3 h. 30′ 3/4 du soir. Milieu à 4 h. 52. Lever de la Lune 5 h. 23. Fin de l'Éclipse à 6 h. 13 1/2. Grandeur, 7 doigts 34 m.

Le 7 Août, Éclipse de Soleil, invisible à Paris.

Le 23 Août, Éclipse de Lune, invisible à Paris.

TABLE DES MARÉES DE 1831.

Mois.	Jours et heures de la Syzygie.	Hauteur
Janv.	N. L. le 14, à 1 h. 38′ du m.	0,87
	P. L. le 28, à 2 h. 42′ du m.	0,94
Fév.	N. L. le 12, a 5 h. 8′ du s.	0,94
	P. L. le 26, a 4 h. 59′ du s.	0,95
Mars.	N. L. le 14, à 5 h. 59′ du m.	1,07
	P. L. le 28. a 8 h. 31′ du m.	0,91
Avril.	N. L. le 12, a 4 h. 9′ du s.	1,10
	P. L. le 27, à 0 h. 28′ du m.	0,83
Mai.	N. L. le 12, a 0 h. 10′ du m.	1,04
	P. L. le 26, à 4 h. 10′ du s.	0,78
Juin.	N. L. le 10, à 7 h. 1′ du m.	0,87
	P. L. le 25, à 7 h. 9′ du m.	0,76
Juill.	N. L. le 9, à 1 h. 57′ du s.	0,96
	P. L. le 24, à 9 h. 14′ du s.	0,81
Août.	N. L. le 7, à 10 h. 13′ du s.	0,98
	P. L. le 23, à 10 h. 15′ du m.	0,92
Sept.	N. L. le 6, à 8 h. 42′ du m.	0,99
	P. L. le 21, a 10 h. 5′ du s	1,03
Octob.	N. L. le 5, à 9 h. 53′ du s.	0,94
	P. L. le 21, à 8 h. 54′ du m.	1,09
Nov.	N. L. le 4, à 1 h. 47′ du s.	0,86
	P. L. le 19, à 7 h. 7′ du s.	1,03
Déc.	N. L. le 4, à 7 h. 57′ du m.	0,81
	P. L. le 19, à 5 h. 20′ du m.	1,03

On voit par ce tableau que, pendant l'année 1831, les positions du Soleil et de la Lune, par rapport à la Terre et au plan de l'équateur, sont telles vers les Syzygies, que les Marées seront peu considérables. Celles du 15 Mars, du 13 Avril et du 22 Octobre sont les plus fortes de cette année; elles pourraient occasionner quelques accidens, si elles étaient favorisées par les vents.

DOUCE NUIT.

NOCTURNE A 2 VOIX.

Parole de Mᵉ. Desbordes, Musique d'Émile Rouzé.

Andante.

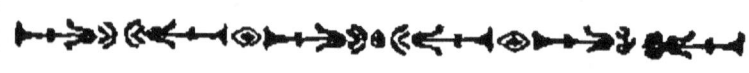

Dou ce nuit, ton charme pai-

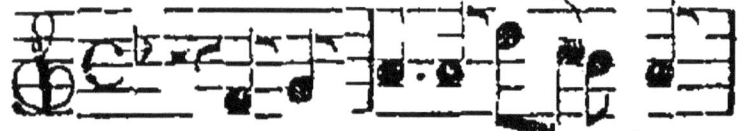

Dou ce nuit, ton charme pai-

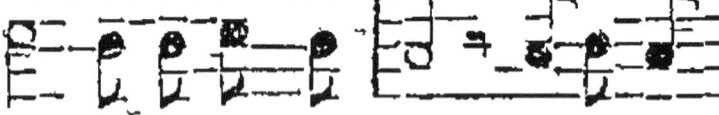

si-ble, du malheureux suspend les

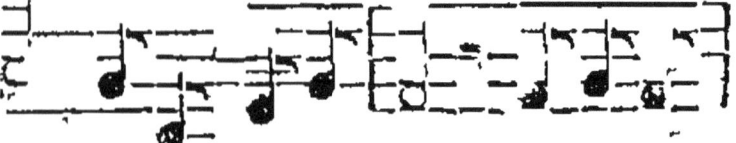

si-ble, du malheureux suspend les

Tu sais, par un riant mensonge,
Calmer un amant agité,
Et le consoler en songe
D'une triste réalité.
O nuit! pour la douleur sombre,
Et pour le plaisir d'amour,
On doit préférer ton ombre
A l'éclat du plus beau jour.

Comme dans le sein d'une amie
On aime à verser sa douleur,
C'est à toi que je confie
Les premiers soupirs de mon cœur.
Cache-moi s'il est possible,
L'objet de mon tendre effroi!
Comme moi s'il est sensible,
Qu'il soit discret comme toi.

A ZELMIRE.

J'aurais prié l'Amour de vous dire que j'aime,
Lui seul peut exprimer tout l'excès de mes feux;
Mais je craignais qu'en voyant vos beaux yeux,
Ce Dieu ne parlât pour lui-même.

LE MENESTREL DE VILLAGE.

Air *à faire*.

Au son des castagnettes,
Du tambourin et des chansons,
Dansez, gentes fillettes,
Dansez, jeunes garçons,
Aux joyeux sons
De mes chansons.

Bastienne est accordée
A Pierrot, jeune et beau.
La noce est décidée;
Voyez vous sous l'ormeau
Les garçons et les filles,
Parés de fleurs et de rubans,
Au nom des deux familles,
En publier les bans?
Au son des castagnettes, etc.

J'ai vu la robe blanche,
Le voile *et cætera;*
Et, le prochain dimanche
Le curé leur dira:

Vous, Bastienne, aimez Pierre
Vous, Pierre, aimez Bastienne! *Ergo*.
Devenez père et mère!
Ego vos conjungo.
Au son des castagnettes, etc.

Profitez du bel âge;
La saison des beaux ans
Passe comme un nuage;
Les Zéphirs sont changeans.
Accourez à la danse;
Et par un gai faridondon,
Animez la cadence,
Pressez le rigodon.

Au son des castagnettes,
Du tambourin et des chansons,
Dansez, gentes fillettes,
Dansez, jeunes garçons,
Aux joyeux sons
De mes chansons.

LES AMATEURS
ET LES CONNAISSEURS.

AIR: *La comédie est un miroir.*

Dans ce pays, comme partout,
Chacun parle sur la musique ;
Chacun prétend avoir du goût ;
De bien juger chacun se pique ;
Pourtant les plus fins amateurs
Sont rarement ce qu'ils paraissent ;
Ceux qui se disent connaisseurs
Ne sont pas ceux qui s'y connaissent.

Ne point crier *bravo! brava!*
Et ne point improuver d'avance ;
Juger sur le plaisir qu'on a,
Et non sur ce qu'un autre pense ;
Savoir critiquer sans aigreur,
Et ne point décider en maître ;
Ce n'est point être connaisseur ;
Mais c'est vraiment bien s'y connaître.

JE N'AI PAS PEUR.

CHANSONNETTE.

Air à faire.

Je n'ai pas peur
Quand tous les jours ma vieille tante
Me redit, d'une voix tremblante :
« Chaque amant est un ravisseur.. »
Je suis pauvre, qu'ai je à défendre ?
Que peut on me faire ou me prendre ?
    Je n'ai pas peur.

Je n'ai pas peur
Lorsqu'au bois je vais avec Pierre ;
Il a ma confiance entière ;
Car il m'a promis le bonheur.
Si le loup me guette et s'avance,
Mon amant prendra ma défense:
    Je n'ai pas peur.

Je n'ai pas peur
Quand l'éclair brille dans la plaine ;
Soudain, Pierre accourt et m'entraine

Au fond d'un abri protecteur ;
Alors dans ses bras il m'enlace,
Et comme une sœur il m'embrasse.
    Je n'ai pas peur.

    Je n'ai pas peur,
Répétait encor la pauvrette,
Lorsqu'un beau matin, sur l'herbette,
Pierre lui ravit une fleur !!!
Hélas ! depuis elle soupire,
Et, tremblante, n'ose plus dire :
    Je n'ai pas peur.

A MADAME ***.

Qui me demandait ce que j'avais rêvé.

AIR: *L'amour de mon pays m'anime.*

J'AIMAIS, et j'osais vous le dire :
Et, banissant toute rigueur,
Vous répondiez par un sourire
A l'aveu dicté par mon cœur.
Faut-il que le réveil m'enlève
Un bonheur digne des élus !
Je vous chéris autant qu'en rêve ;
Mais vous ne me souriez plus !

LE GONDOLIER.
BALLADE.
Air à faire.

« Conduis-moi, beau gondolier,
Jusqu'à Rialto, dit elle,
Je te donne mon collier;
Et la pierre en est si belle ! »
Pourtant elle eut un refus:
« C'est trop peu, sur ma parole,
Pour entrer dans ma gondole.
Non, Gianetta, je veux plus. »

« Tiens, je sais un *lamento*,
Je le chanterai, dit elle,
En allant à Rialto;
La musique en est si belle ! »
Pourtant elle eut un refus :
« Quoi ! pour une barcarole,
Vous, entrer dans ma gondole !
Non, Gianetta, je veux plus. »

Son chapelet dans les mains,
« Tiens, le veux-tu, lui dit-elle;
L'évêque en bénit les grains ;

Et la croix en est si belle ! »
Pourtant elle eut un refus.
« Quoi ! pour ce pieux symbole,
Vous, entrer dans ma gondole !
Non, Gianetta, je veux plus. »

Sur le canal cependant
Je le vis ramer près d'elle,
Et rire en la regardant.
Qu'avait donné cette belle ?
Elle aborda, l'air confus.
Lui, fidèle à sa parole,
Remonta dans sa gondole,
Sans rien demander de plus.

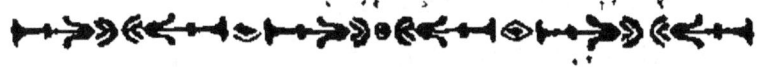

NE L'ACCUSONS PAS.

Air : *La comédie est un miroir.*

De l'homme enviant le destin,
Et sans cesse ourdissant sa trame,
Satan perdit le genre humain,
A l'aide, dit-on, de la femme.
N'accusons point de notre sort
Ève, notre commune mère !
On la trompa ; quel est son tort ?
C'est d'avoir vécu la première.

L'HABIT
NE FAIT PAS LE MOINE.

CHANSONNETTE.

Air à faire.

Venez au prieuré des bois,
Jeune et gentille pastourelle ;
De l'ermite qui vous appelle,
Ah ! devez vous craindre la voix ?
Je n'ai point la morale austère
D'un vieillard grondeur et jaloux ;
Mon seul désir est de vous plaire ;
    Pourquoi fuyez-vous ?

Venez, je sais des oraisons
Dont vous aurez l'âme ravie ;
Et le bonheur de votre vie
Sera le fruit de mes leçons.
De la beauté naïve et tendre
J'aime à satisfaire les goûts ;
Et vous refusez de m'entendre...
    Pourquoi fuyez-vous ?

Pourquoi ? C'est qu'on a reconnu,
Sous la robe d'un saint ermite,
Damoisel au cœur hypocrite
Caché sous un air ingénu ;
Et malgré son tendre sourire
Et son regard flatteur et doux,
Prudemment on lui laisse dire :
    Pourquoi fuyez vous ?

LES CHOIX.

Air : *Ce luth galant*, etc.

Heureux le roi qui donne sa faveur
Au vrai mérite, au courage, à l'honneur !
Aux cœurs de ses sujets il fait chérir la gloire ;
    Quand le Temps aura fui,
    Quand jugera l'Histoire,
Les choix qu'il a su faire, escortant sa mémoire,
    Iront plaider pour lui.

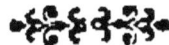

LE PAVÉ DE PARIS.

CHANSONNETTE.

Air: *Je loge au quatrième étage.*

Chaque auteur chante, à sa manière ;
Tantôt Bacchus, tantôt Vénus ;
Celui là fête la bannière
De ce grand héros qui n'est plus ;
Celui ci d'un temple gothique,
Nous vante les triste débris...
Moi, je vais, bravant la critique.
Chanter le pavé de Paris.

A Paris, sensible fillette
Ne peut vivre sans protecteur.
Plaignez Hortense.. la pauvrette
Vient de perdre son bienfaiteur ;
Depuis qu'un soir, sous une table,
Chez elle un cousin fut surpris,
On voit la belle inconsolable
Courir le pavé de Paris.

Fêtant et la blonde et la brune,
Pour m'enivrer de leurs appas,
Il faudrait que dame Fortune
Volât constamment sur mes pas.
Pour trouver la rare Déesse
Et devenir ses favoris,
Que d'amateurs battent sans cesse
Le pavé glissant de Paris!

AVIS A MA MAITRESSE,

Qui partait pour la campagne.

Air: *De l'aimable Thémire.*

Garde-toi, par prudence,
De courir dans les bois;
On peut, sans qu'on y pense,
S'y perdre quelquefois.
Gentille bergerette
Y court plus d'un danger...
Voudrais-tu, Francinette,
Voir le loup te manger?

TU N'ES PLUS BELLE.

ROMANCE.

Air : *à faire*

Quel prestige égarait mes yeux !
Quel sort m'avaient jeté tes charmes !
Que tes caprices odieux
M'ont fait verser d'amères larmes !
Mais de tes traits enfin vainqueur,
J'ai brisé ta chaîne cruelle ;
Depuis que je connais ton cœur,
   Tu n'es plus belle.

Tes regards sont délicieux,
Ta bouche a des baisers de flamme,
Ta voix semble venir des cieux,
Et porte le trouble en mon ame ;
Mais des cieux ce n'est qu'une erreur,
Quelque chose en toi le révèle ;
Et dès que l'on connaît ton cœur,
   Tu n'es plus belle.

Va séduire par tes attraits
La légéreté, la folie !
Cours te prendre dans les filets
D) fat qui se vante, et t'oublie !
Mais n'espère plus le bonheur
D'un ami discret et fidèle !
Pour qui possède un tendre cœur
    Tu n'es plus belle.

LES CHANTS

DES MARINIERS.

BARCAROLLE.

Le ciel est pur, et Venise étincelle
De mille feux dans l'espace allumés.
Du marinier la rapide nacelle
Livre sa voile aux zéphirs parfumés.
La la la la, etc.

Voici la nuit, venez, filles craintives,
Venez, amans, qui fuyez les jaloux :
L'ombre, les vents et les ondes plain
    tives
Seront un voile entre la terre et vous.
La la la la, etc.

Le chœur joyeux des vives barcarolles
S'élève, au loin, des bois de citron
    niers ;
Sur les flots purs vos légères gondoles
Vous berceront aux chants des mari
    niers.
La la la la, etc.

UN MOT DE TOI.

ROMANCE.

Air : *Le premier pas.*

D'un mot de toi la magique puis
    sance
Ajoûterait même au bonheur d'un roi.
Quel talisman me charme en ta pré
    sence ?
Quel talisman adoucit ton absence ?
    Un mot de toi.

Dans nos salons où l'esprit étincelle,
Où d'être aimable on se fait une loi,
Pour plaire à tous que de soins, que
    de zèle !

Mais tant d'efforts valent ils, mon
  Adèle,
 Un mot de toi ?

Toi que mon cœur pour jamais a
  choisie,
O mon Adèle, enfin, écoute moi !
Un doux lien fait toute mon envie ;
Que me faut-il pour embellir ma vie ?
 Un mot de toi.

FRAGMENT.

Air: *Un jour le malheureux Lysandre.*

Hélas ! dans une longue vie
Que reste-t il après l'amour ?
Dans notre paupière éblouie
Ce qu'il reste après un beau jour !
Ce qu'il reste à la voile vide
Quand le dernier vent qui la ride
S'abat sur le flot assoupi !
Ce qu'il reste au chaume sauvage
Lorsque les ailes de l'orage
Sur la terre ont couché l'épi !

TOUT PETIT.

Air : *Il était un p'tit moine.*

Mince est mon apanage ;
 J'ai, Dieu merci,
 Peu d'or ; aussi,
Tout est dans mon ménage.
Hormis mon appétit
  Petit,
   Tout petit.   (*bis.*)

Mais je perdrais au change,
 Si je quittais
 Pour un palais
L'abri que mon bon ange
Près du ciel me bâtit,
  Petit,
   Tout petit.   (*bis.*)

L'aigle parfois végète...
 Plus de santé,
 Plus de gaîté,
Règnent chez la fauvette,
Qui pourtant fait son nid
  Petit,
   Tout petit.   (*bis.*)

D'une large couchette
 L'Hymen qui dort.
 S'arrange fort ;
Pour s'ébattre en cachette
L'Amour préfère un lit
  Petit,
  Tout petit.   (*bis.*)

Mais l'Amour égalise
 Bergers et rois ;
 Même, je crois,
Plus d'un grand près de Lise
Maintes fois se sentit
  Petit,
  Tout petit!   (*bis.*)

Tel seigneur, qu'on renomme,
 Nous méprisa
 Et nous toisa,
Qui d'auprès d'un grand homme
Plus d'une fois sortit
  Petit,
  Tout petit!   (*bis.*)

Plus d'un sauteur agile,
 Naguère nu,
 Est parvenu,
Qui, suivant l'Evangile,

Pour être grand se fit
            Petit,
        Tout petit.   (*bis.*)

Payant bien cher une ombre,
    Le gros Damis
    N'a point d'amis...
Moi j'en ai, mais leur nombre
Est, comme mon crédit,
            Petit,
        Tout petit.   (*bis.*)

Sur ma tombe à la ronde
    Qu'on lise un jour :
    Ci gît, tout court,
Qui petit vint au monde,
Et puis en repartit
            Petit,
        Tout petit!   (*bis*)

COUPLET
DE M. JOVIAL.

Au revoir ! au revoir !
Ce refrain que j'aime,
Exprime l'espoir
Que notre cœur peut concevoir,
   Au revoir, au revoir,
C'est le plaisir même ;
Et ce mot charmant
Est un vrai mot de ralliement.
A notre ami qui nous quitte,
Au printemps quand il s'enfuit.
A celui qui nous invite,
A l'acteur qui nous séduit;
A la fillette gentille,
Au pauvre qui nous bénit,
   Au Volney qui pétille,
   Avec plaisir on dit:
   Au revoir, au revoir ! etc.

C'EST LE CHAT.
RONDE.

AIR : *C'est l'amour, l'amour, etc.*

C'est le chat, le chat, le chat,
Mes chers amis, que j'honore ;
Du chat, que l'Egypte adore,
  Je suis l'avocat.

Qui nous annonce avec sa patte
Qu'on doit avoir pluie ou beau temps,
Et qui désopilait la rate
De Colbert dans certains instans ?
  De l'homme triste et blême
  Qui rend l'air moins guindé ?
  Qui craint l'eau froide même
  Lorsqu'il fut échaudé ?
  C'est le chat, etc.

O vous, contre qui l'on conspire,
Vous pouvez m'en faire l'aveu,
Au profit du singe qui tire
Doucement les marrons du feu ?
  Enfin qui nous fait vivre
  Tranquilles au logis,

Par goût, puisqu'il délivre
Des rats et des souris ?
C'est le chat, etc.

Quand, l'hiver, la température
Vient, malgré nous, glacer nos sens,
Quel est l'animal qui procure
Une fourrure aux pauvres gens ?
    Va t on à la gargote
    Faire un dîner mesquin,
Dans une gibelotte
Qui remplace un lapin ?
C'est le chat, etc.

Qui peut vous servir de modèle,
De Diane nouveaux amans ?
Qui vous fournit la chanterelle,
D'Euterpe nombreux partisans ?
    Qui montre sans scrupule
    Des griffes pour des doigts ?
    Comme la somnambule,
    Qui marche sur les toits ?
C'est le chat, le chat, le chat,
Mes chers amis, que j'honore.
Du chat, que l'Egypte adore,
    Je suis l'avocat.

JE VOUS AVERTIRAI, MAMAN.

CHANSONNETTE.

AIR: *Je loge au quatrième étage.*

Maman, qui donc vous contrarie?
Dans vos regards ai je bien lu?
Emma, votre fille chérie,
Vous a-t elle aujourd'hui déplu?
Quoi! votre tendresse inquiète
Craint pour moi le choix d'un amant!
Je n'aimerai point en cachette...
Je vous avertirai, maman.

J'achève mes quinze ans à peine,
Et j'éprouve encor du plaisir
A suivre en courant dans la plaine
Un oiseau que je crois saisir.
Mais d'autres soins préoccupée,
Un jour, si, pour amusement,
Je ne cherche plus ma poupée...
Je vous avertirai, maman.

S'il m'arrive d'être seulette,
Jule aussitôt est sur mes pas;
J'aime à jouer à la toilette,
Il trouve à ce jeu mille appas;
De mon bonnet quand je le pare,
Jule me paraît plus charmant;
Mais de mon ruban s'il s'empare,
Je vous avertirai, maman.

Voulant m'exprimer son martyre,
Jule, hier, me serra la main;
Je rougis; avec un sourire,
Je lui dis, je crois, à demain!
Jule m'assure qu'il m'adore;
Il me demande un doux serment;
S'il me demande plus encore,
Je vous avertirai, maman.

COUPLETS
DU SIÈGE DE LILLE.
(Octobre 1792.)

L'AMOUR dans le cœur d'un français,
l'Amour est le bonheur suprême;
Tous ses instans sont pleins d'attraits,
Auprès de la beauté qu'il aime. *(bis)*
Mais au premier son du tambour
    Il sacrifie
    A sa patrie
Son bien, sa vie et son amour.

Qui sait délivrer son pays
Est vu comme un dieu sur la terre;
A l'objet dont il est épris,
Le français est jaloux de plaire. *(bis)*
Mais au premier son du tambour. etc.

J'aime qu'on désire la paix
Aux humains elle est nécessaire;
J'aime qu'au déclin d'un jour frais,
L'on s'égaie sur la fougère. *(bis)*
Mais je veux qu'au son du tambour
    On sacrifie
    A sa patrie
Son bien, sa vie et son amour.

COUPLET
DU MARIAGE IMPOSSIBLE.

Air : *Vaudeville de Turenne.*

Pour mes vassaux je suis un fort bon maître,
Je les protège, ils sont tous bien traités......
Mais tu conçois qu'il me faut te connaître
Pour t'accorder mes bienfaits, mes bontés :
Je veux savoir s'ils seront mérités,
En ta faveur ta figure réclame ;
Mais des traits fins, douce voix, yeux charmans,
Ne sont pour moi de bien bons répondans,
Que lorsqu'il s'agit d'une femme.

Lille.—Imprimerie de VANACKERE fils.

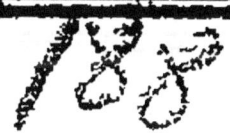